KB104984

고등학생과 풀어보면서 배우는 C언어

고등학생과 풀어보면서 배우는 C언어

발 행 | 2022년 04월 06일

저 자 | J

펴낸이 | 한건희

펴낸곳 | 주식회사 부크크

출판사등록 | 2014.07.15(제2014-16호)

주 소 | 서울특별시 금천구 가산디지털1로 119 SK트윈타워 A동 305호

전 화 | 1670-8316

이메일 | info@bookk.co.kr

ISBN | 979-11-372-7931-5

www.bookk.co.kr

ⓒ J 2022

본 책은 저작자의 지적 재산으로서 무단 전재와 복제를 금합니다.

고등학생과 풀어보면서 배우는 C언어

J 지음

목차

작가의 말

이 책은 실제로 고등학생이 쓴 C언어 책으로 고등학생의 관점으로 쓴 책으로 쉽게 가르쳐줄 수 있을 거라고 생각이 듭니다.

이 책은 문제-힌트-풀이-답으로 진행됩니다.

문제는 C언어 문제를 내줍니다.

힌트는 문제에서 쓰는 C언어 기능을 1페이지 안에 알려줍니다.

풀이는 독자분이 해당 문제를 풉니다 만약 코드가 너무 길어서 한페이지에 못 채운다면 뒷 페이지에 채우면 됩니다

답은 해당문제의 답입니다. 풀이가 답 이랑 다르다고 해서 틀렸다고 생각하지 말고 제가 준 풀이의 기능을 이용해서 풀었고 결과가 맞으면 맞다고 생각하셔도 됩니다.

Hello, world! 출력하기

문제

Hello, world!

이 책에서 말고도 다른 C언어 책 그리고 다른 프로그래밍 언어 책도 처음에 프로그래밍 공부할 때 "Hello, world!"를 출력 하라고 합니다.

그 이유는 C언어의 창시자인 데니스 리치와 브라이언 커니핸 두사람이 쓴 "The C Programming Language"교제의 첫번째 예제가 화면에 "Hello, world!"를 출력하라고 나와있는게 시초였고 그 예제가 유명해지면서 모든 프로그래밍 첫번째 예제는 "Hello, world!" 출력입니다

그러므로 여러분도 C언어로 "Hello, word!"를 출력해봅시다

힌트

C언어의 기본 구조

```
#include<stdio.h>

int main()
{
        return 0;
}
```

#include〈헤더파일[1]〉: 컴파일 하기전에 괄호 안에 있는 걸 추가하라는 뜻입니다

stdio.h : 입력, 출력 등 기초적인 함수를 포함한 헤더파일입니다

int main() : C언어의 기본함수로 실행시키고 싶은 코드를 main함수안에 쓰면 됩니다.

return 0 : 함수의 종료입니다.(자세한건 5번 문제 참고해주세요)

; : 해당 코드의 끝입니다.

출력함수 기초 : printf("출력하고 싶은 거")

ex) printf("안녕하세요")의 결과 : 안녕하세요 출력

또한 이스케이프와 형식 지정자도 쓸 수 있습니다. (자세한건 부록 참고)

---

[1] 함수들을 사용할 수 있는 파일

풀이

한번 풀어보세요

답

```c
#include<stdio.h>

int main()
{
        printf("Hello, world!");
        return 0;
}
```

직사각형 넓이 구하기

문제

여러분들은 수학을 좋아하십니까?
저는 수학을 굉장히 혐오합니다.

여러분들도 그러나요?

하지만 어쩔 수없이 이 문제에는 수학을 써야합니다.

이 문제에는 직사각형 넓이 구하는 공식을 씁니다.

공식을 몰라도 당황하지 말라고 여기에 직사각형 넓이 공식을
써주겠습니다

직사각형 넓이 = 가로 X 높이

진행 과정은 가로값을 구하고 세로값을 구한 다음에 소수 두번째
자리까지의 결과를 출력해주면 됩니다.

힌트

변수 : '자료형 변수명'형식으로 나옵니다
ex)int a; a라는 정수형 변수를 설정한다
ex)int a=5; a라는 정수형 변수를 5로 설정한다
ex)char a='a'; a라는 문자 변수를 a로 설정한다.

자료형
int : 정수형 변수
double: 실수형 변수
char : 문자
ex) int a; a라는 정수형 변수를 선언한다.
ex2) int a=4; a라는 정수형 변수를 선언하고 값을 4로 설정한다
ex3) char c='A'; c라는 문자변수를 선언하고 값을 A로 한다.(문자는 ''안에 넣어야 합니다)

입력함수 : scanf("형식지정자",&변수명)

연산자(여기에 없는 건 부록 참고)
+ : 더하기
- : 빼기
* : 곱하기
/ : 나누기
% : 나머지
= : 대입

풀이

한번 풀어보세요

답

```c
#include<stdio.h>

int main()
{
        double height, width,result;
        printf("세로 길이 : ");
        scanf("%lf", &height);
        printf("가로 길이 : ");
        scanf("%lf", &width);
        result = width * height;
        printf("넓이는 %.2lf 입니다", result);
}
```

```c
#include<stdio.h>

int main()
{
        double height, width;
        printf("세로 길이 : ");
        scanf("%lf", &height);
        printf("가로 길이 : ");
        scanf("%lf", &width);
        printf("넓이는 %.2lf 입니다", height * width);
}
```

1부터 100까지 더하기

문제

$$\frac{n(n+1)}{2}$$

여러분들은 1 부터 100 까지의 합을 아나요?

저는 멍청해서 1 부터 100 까지의 합을 모릅니다.

그래서 저는 반복문을 이용해서 1 부터 100 까지의 합을 구하려고 합니다.

힌트

for문

```
for (초기식; 조건식; 증감식)
{
        반복할 내용
}
```

while문

```
while (조건식)
{
        반복할 내용
}
```

do~while문의 생김새

```
do
{
        반복할 내용
} while (조건식);
```

While 문과 다르게 처음에는 조건을 안 따집니다.

반복문 3개의 조건식이 참이면 반복할 내용을 실행합니다.

풀이

한번 풀어보세요

답

```c
#include<stdio.h>

int main()
{
        int a = 0;
        for (int i = 1; i <= 100; i++)
        {
                a += i;
        }
        printf("%d", a);
        return 0;
}
```

```c
#include<stdio.h>

int main()
{
        int a = 0;
        int i = 1;
        while (i <= 100)
        {
                a += i;
                i++;
        }
        printf("%d", a);
        return 0;
}
```

화장실 봇 만들기

문제

화장실은 사람들이 급할 때 자주 이용하는 곳입니다.

하지만 너무 급하다고 남자인데 여자화장실을 가거나 여자인데 남자화장실에 가면 큰일 나겠죠?

그래서 이번에는 이런 큰일이 일어나지 않기 위해서 성별을 입력하면 해당 화장실에 갈수 있는 화장실 봇을 만들어 보겠습니다

힌트

if 문

```
if (조건)
{
        참일 때 실행
}
else if (조건)
{
        위에 있는 조건이 거짓이고 이번 조건이 참일때
실행
}
else
{
        둘다 거짓일때 실행
}
```

else if 는 안 쓰셔도 됩니다.

풀이

한번 풀어보세요

답

```c
#include<stdio.h>

int main()
{
        int gender;
        do {
                printf("성별을 입력해주세요\n");
                printf("1 : 남자\n");
                printf("2 : 여자\n");
                scanf("%d", &gender);
        } while (gender > 2 || gender < 1);
        printf("당신은 ");
        if (gender == 1)
        {
                printf("남");
        }
        else
        {
                printf("여");
        }
        printf("자 화장실에 가야합니다.");
        return 0;
}
```

1부터 x까지 더하기

문제

$$\frac{n(n+1)}{2}$$

여러분들은 반복문 문제를 할 때 1 부터 100 까지 더했습니다.

만약 유저가 100 까지가 아니라 1000 까지 더하는 걸 원하거나 10000 까지 더하는 걸 원하면 여러분들은 일일이 코드를 바꾸고 그래야 합니다.

하지만 C 언어에서는 일일이 코드를 안 바꾸고 유저가 원하는 수까지 더 하는걸 할 수가 있습니다.

힌트

함수 : 변수랑 똑같이 자료형 함수명을 쓰면 되는데 ()이 필요합니다. 또한 ()안에 매개변수를 넣을 수 있습니다.[2]

함수를 이용한 더하기 프로그램

```c
#include<stdio.h>

int Sum(int x,int y);//함수를 선언한다
int main()
{
        int a,b;
        printf("a 값을 입력해주세요\n");
        scanf("%d",&a);
        printf("b 값을 입력해주세요\n");
        scanf("%d", &b);
        printf("a+b=%d\n", Sum(a, b));
        return 0;
}
int Sum(int x, int y) //아래에 함수 내용을 쓴다
{
        int result = x + y;//result 변수의 x+y 의
결과값을 넣는다
        return result;//result 를 보낸다
}
```

---

[2] 함수에는 void라는 자료형이 있는데 함수의 결과를 보내는 return을 안 쓰는 자료형입니다

풀이

한번 풀어보세요

답

```c
#include<stdio.h>
void Sum(int x);
int main()
{
        int x;
        printf("x 값을 입력해주세요\n");
        scanf("%d", &x);
        Sum(x);
        return 0;
}
void Sum(int x)
{
        int result = 0;
        for(int i=1;i<=x;i++)
        {
                result += i;
        }
        printf("결과 : %d", result);
}
```

인사 봇 만들기

문제

Hello, user!

사람이 좋게 보이는 것 에는 인사가 중요합니다.

그래서 저도 제 로봇이 좋게 보이기 하기 위해 인사를 하는 로봇을 만들겠습니다

이름을 입력하고 입력한 이름으로
Hello, (유저이름)!"이 출력되도록 하겠습니다.

단 배열의 최대크기는 100 입니다

힌트

배열 : 변수처럼 자료형 이름으로 똑같지만 이름 뒤에 [배열의 크기]를 넣으면 됩니다.

문자열 : char 의 배열입니다. 대입할 때에는 =이 아닌 strcpy(변수명, 대입할 내용);입니다

strcpy : 이 함수는 string.h 에 있습니다.

배열의 입력 : 변수의 입력과는 다르게 &을 안 붙습니다.

배열의 함수 : 매개변수와 자료형은 자료형* 이름입니다.

배열의 요소 출력하기

```c
#include<stdio.h>

void Print(int* a);
int main()
{
        int score[3] = { 100,50,90 };
        Print(score);
        return 0;
}
void Print(int* a)
{
        for (int t = 0; t < 3; t++)
                printf("%d\n", a[t]);

}
```

풀이

한번 풀어보세요

답

```
#include<stdio.h>

int main()
{
        char name[100];
        printf("이름 : ");
        scanf("%s", name);
        printf("Hello, %s!\n", name);
        return 0;
}
```

속력 왕 구하기

문제

영진 초등학교에서 속력왕을 구하려고 합니다.

속력공식은 거리 ÷ 시간 이기 때문에 학생의 이름과 거리 시간만 알면 영진 초등학교의 속력왕을 구할 수 있겠죠?

참고로 영진 초등학교는 폐교 위기에 놓여있어서 전교생이 5 명만 있습니다.

힌트

구조체 : 여러 자료형의 모임

구조체로 사람 정보 넣어 보기

```c
#include<stdio.h>
#include <string.h>

typedef struct {
        char name[100], gender[100];
        int year, month, day;
}Human;

int main()
{
        Human human;
        //구조체는 변수처럼 사용할수 있다
        //Human human[2]; 구조체 배열
        strcpy(human.name, "안영진");
        human.day = 6;
        human.month = 1;
        human.year = 2004;
        return 0;
}
```

풀이

한번 풀어보세요

답

```c
#include<stdio.h>

typedef struct
{
        double time, meter;
        char name[1000];
}Student;

int main()
{
        Student student[5];
        int bestnum=0;
        for (int i = 0; i < 5; i++)
        {
                printf("이름 : ");
                scanf("%s", student[i].name);
                printf("거리 : ");
                scanf("%lf", &student[i].meter);
                printf("걸린시간 : ");
                scanf("%lf", &student[i].time);
                if(i==0)
                {
                        bestnum = 0;
                }
        }
}
```

```c
                else
                {
                        if
        (student[bestnum].meter /
        student[bestnum].time

        <student[i].meter / student[i].time)
                        {
                                bestnum =
i;

                        }
                }
                printf("\n");
        }
        printf("오늘의 속력왕\n");
        printf("이름 : %s\n",
student[bestnum].name);
        printf("속력 : %lfms\n",
student[bestnum].meter /
student[bestnum].time);
        return 0;
```

주사위 게임 만들기

문제

이번 문제에는 주사위게임을 만들어 봅시다.

제가 생각한 주사위 게임은 주사위를 던질 때 높은 수가 나온 사람이 이기는 게임입니다

힌트

rand()%x+y : 0 부터 x-1 의 무작위 수 중 하나를 골라 y 만큼
더한다.(stdlib.h 이 필요하다)

srand(time(NULL)) : 다시 실행하면 다른 무작위 수를 나오게 하는
함수다.(stdlib.h, time.h 가 필요하다)

2 부터 7 중 아무 숫자 출력하기

```c
#include<stdio.h>
#include<stdlib.h>
#include<time.h>

int main()
{
        srand(time(NULL));
        int i = rand() % 6+2 ;
        printf("%d", i);
        return 0;
}
```

풀이

한번 풀어보세요

답

```c
#include<stdio.h>
#include<stdlib.h>
#include<time.h>

int main()
{
        srand(time(NULL));
        int player1 = rand() % 6+1 ;
        printf("플레이어 1의 주사위값 : %d\n",
player1);
        int player2 = rand() % 6 + 1;
        printf("플레이어 2의 주사위값 : %d\n",
player2);
        if(player1>player2)
                printf("플레이어 1 승리\n");
        else if (player1 < player2)
                printf("플레이어 2 승리\n");
        else
                printf("무승부\n");
        return 0;
}
```

부록

이스케이프와 형식 지정자

이스케이프	
명령어	설명
\n	줄 바꿈
\t	탭
\\	\출력
\'	'출력
\"	"출력

형식지정자		
명령어	설명	자료형
%d	정수 출력	int
%.xf	x 번째 자리 까지 소수 출력 ex) printf(%.2f,3.14159)의 결과 결과 : 3.14	double
%c	문자 출력	char
%s	문자열 출력	char[]

연산자

연산자	설명
++	1 증가시키기 printf(“%d”,a++)의 뜻 : a 값을 보여주고 1 증가시킴 printf(“%d”,++a)의 뜻 : 1 증가시킨 a 값을 보여줌
--	1 감소시키기 printf(“%d”,a++)의 뜻 : a 값을 보여주고 1 감소시킴 printf(“%d”,++a)의 뜻 : 1 감소시킨 a 값을 보여줌
〈	오른쪽이 크다
〉	왼쪽이 크다
〈=	오른쪽이 같거나 크다
〉=	왼쪽이 같거나 크다
==	같다
!=	다르다
&&	and
||	or
!	Not ex)!(3〉0)은거짓
+=	오른쪽 변수 값만큼 더함
-=	오른쪽 변수 값만큼 뺌
*=	오른쪽 변수 값만큼 곱함
/=	오른쪽 변수 값만큼 나눔
%=	오른쪽 변수 값만큼 나누고 나머지를 대입함

scanf 오류

visual studio 에서 scanf 를 쓰면 에러가 납니다.

왜냐하면 scanf 가 안전하지 않다고 하네요.

그래서 scanf 대신 scanf_s 를 쓰거나 맨 위에 #define _CRT_SECURE_NO_WARNINGS 을 써야합니다.

```c
#define  _CRT_SECURE_NO_WARNINGS
#include<stdio.h>

int main()
{
        int i;
        scanf("%d", &i);
        return 0;
}
```

```c
#include<stdio.h>

int main()
{
        int i;
        scanf_s("%d", &i);
        return 0;
}
```

C 언어의 지옥이자 꽃 포인터

포인터가 C 언어의 지옥이자 꽃인 이유는 포인터 자체를 이해하려면 엄청 많은 시간이 걸리기 때문입니다.

그렇기 때문에 이 책에서는 자세하게 알려주면서 문제로 내지 않고 간단하게 포인터가 어떤건지 부록으로 알려주겠습니다.

포인터는 해당 변수의 주소를 가리킵니다.(주소는 정해져 있지 않습니다. 아래코드를 쳐보세요)

그리고 포인터를 선언하려면 자료형과 변수명 사이에 *이 있으면 됩니다.

그리고 변수 앞에 &을 붙이면 주소가 나오고 포인터 변수 앞에 *을 붙이면 해당 포인터 변수의 값이 나옵니다.

```c
#include<stdio.h>

int main(){
        int i = 5;
        int* p;
        p = &i;
        printf("p 의 주소값 : %d\n", p);
        printf("p 의 값 : %d\n", *p);
        printf("i 의 주소값 : %d\n", &i);
        printf("i 의 값 : %d\n", i);
}
```